W0317853

Jörg Zink
Atme die Kraft der Erde

Der Weg des Menschen im Jahreslauf nach Bildern von Pieter Bruegel

Verlag am Eschbach Eschbach

Der Mensch und seine Erde

Es ist gut, wenn unser menschliches Leben eingebettet bleibt in das Leben der Erde. Tag und Nacht geben ihm seinen Rhythmus. Frühjahr, Sommer, Herbst und Winter führen uns durch die Jahre. Und es ist gut, wenn wir die Erde bewahren als unsere Heimat und uns selbst als Kinder dieser Erde. Nein, könnte einer sagen, der Mensch ist mehr. Er ist der Herr der Welt. Er ist ihr überlegen durch seinen Geist und seine erfindende Phantasie. Aber ich meine, er verliere mit seiner Verwurzelung in die Erde auch seine Überlegenheit.

Pieter Bruegel der Ältere hat im Jahr 1565 für den Antwerpener Kaufmann Niclaes Jonghelinck vermutlich sechs Bilder zum Jahreslauf gemalt. Eines davon ging verloren. Wir haben noch die Tafel zu Januar und Februar, den „Düsteren Tag", wir haben noch die „Heuernte" und die „Kornernte" zu den Sommermonaten Juni, Juli und August, die „Heimkehr der Herde" zu Oktober oder November und die „Jäger im Schnee", das bekannteste und vielleicht auch schönste Winterbild der europäischen Kunst. Wir haben von Bruegel aber noch ein Bild, das gut in die Lücke paßt, in der die Tafel zu März und April gestanden hatte, nämlich den „Sturz des Ikarus" mit dem pflügenden Bauern am Ufer des Meeres.

Kupferstich aus: Die Folge der kleinen Landschaften
aus Brabant und der Campine, 1559/61

So ergibt sich uns ein großer Zyklus über das Schicksal des kleinen Menschen in der großen und übermächtigen Welt. Wer ist eigentlich dieser kleine Mensch? fragt Pieter Bruegel. Was ist seine Würde, seine Bestimmung, sein Rang? Was soll er auf dieser Erde tun und bewirken? Als er in der Sprache des Malers so fragte, begann eben die Epoche, die wir die „Neuzeit" nennen, die Epoche der modernen technischen Zivilisation, an deren Ende wir heute stehen, noch ohne zu wissen, was ihr folgen soll. Und wir schauen seine Bilder an, weil wir empfinden, da habe uns einer etwas zu sagen, das uns sehr nahe angeht.

Wir empfinden heute, daß der Mensch nur solange auf dieser Erde leben wird, als er sie in Übereinstimmung mit der Weisheit Gottes baut und bewahrt, mit jener Weisheit, die das Leben auf dieser Erde so geordnet hat, wie wir es heute begreifen. Aber der Weg zur Einsicht in die Weisheit Gottes ist für uns heute weit, und die Zeit ist kurz. Das Leben aber hängt davon ab, daß wir uns ihr öffnen.

Ich erkannte alles, spricht Salomo,
den Anfang, das Ende und die Mitte der Zeit,
den Wechsel der Sonnenwenden,
den Wandel des Jahres,
den Kreislauf der Jahre und die Stellung der Gestirne,
die Natur der Lebewesen und den Trieb der wilden Tiere,
die Macht der Geister und die Gedanken der Menschen,

die Eigenart der Pflanzen und die Kräfte der Wurzeln,
alles erkannte ich, was es nur gibt,
im Verborgenen und im Licht.
Denn die Werkmeisterin aller Dinge,
die Weisheit aus Gott, lehrte es mich.

In allem, was ist, wirkt ein kluger, ein heiliger Geist:
einzigartig, mannigfaltig und fein,
beweglich, klar und lauter, zuverlässig und unverletzlich,
dem Guten zugetan und kraftvoll,
unwiderstehlich, wohltätig und menschenfreundlich,
zuverlässig, allvermögend.

Alles sieht die Weisheit und alle Geister durchdringt sie,
die verständigen, die reinen und behutsamen,
denn die Weisheit ist beweglicher als jede Bewegung,
sie ist ein Hauch der Kraft Gottes
und ein Abglanz des ewigen Lichts.
Sie erstreckt sich machtvoll von einem Ende der Welt
zum anderen und durchwaltet das All.
(Weisheit Salomos 7,17–26; 8,1)

Abgründig ist das Geheimnis des Lebens

Das Meer brandet gegen ein Gebirge. Der Sturm jagt schwere Wolken gegen das Ufer. Riesige Wellenkämme brechen sich in einer Bucht. Wie Spielzeuge zerbrechen die Schiffe. In der eisigen Höhe zwischen den Gipfeln der Bergriesen behauptet sich eine Burg. Zwischen den Wolkenfetzen ist – noch – ein wenig Himmel sichtbar.
„Düsterer Tag" nennt man dieses Bild, mit dem Pieter Bruegel den Zyklus seines Jahreslaufs eröffnet. Das Meer, der Sturm und das Gebirge sind nur Hintergrund, aber eben dort deutet sich das Thema an: Was eigentlich ist der Mensch auf dieser Erde, was ist er nach dem Willen dessen, der ihn und dieses Meer, dieses eisige Gebirge geschaffen hat? Und was geschieht tatsächlich unter den Menschen auf dieser von düsterem Licht notdürftig erhellten Erde?

In den Vordergrund duckt sich ein Dorf. Ein Hügel aus brauner Erde wölbt sich davor, bestanden mit laublosem Gehölz. Ein wenig abgekehrt vom offenen Meer, an einer schmalen Bucht, liegen die Häuser, Dach an Dach. Es scheint, als dränge das Wasser der Sturmflut auf die Straßen herein zwischen die Häuser und über die verschlammten Straßen. Im Vordergrund, am Wirtshaus zum Stern, wird ein Mann auf unsicheren Beinen – offenbar

Der düstere Tag, 1565

hat er zu viel getrunken – zur Tür geführt. Während draußen Schiffe kentern oder noch mit den Wellen kämpfen, während das Gebirge gefährlich herüberleuchtet und im Vordergrund die Bäume kahl in die unwirtliche, dämmerige Welt der graugrünen und braunen Töne hinaufstarren, geht das Leben in dem bedrohten Dorf, als wäre nichts, seinen normalen Gang.
Ein Haus, auf der Höhe des Hügels vor der Flut gesichert, steht zwischen den Bäumen. Fünf Menschen bewegen sich davor. Einer bückt sich zur Erde, als schnüre er etwas zu einem Bündel zusammen. Einer schneidet mit einem Messer an einem Baum. Ein Mann tappt oder tanzt von rechts herein, gestützt auf den Arm seiner Frau, beißt in eine Waffel und schwenkt eine andere. Die Frau führt an ihrer rechten Hand ein Kind, das eine Lampe in der Hand und eine Papierkrone auf dem Köpfchen trägt.
Die fünf Menschen deuten an, daß das Bild den Januar und den Februar zeigen will. Das Kind trägt die Papierkrone des Bohnenkönigs, der am 6. Januar, dem Dreikönigstag, in Flandern gefeiert wird. Die Waffeln, die sich der Mann in den Mund steckt, gehören ebenfalls zu diesem Fest. Die Szene spielt also im Januar. Im Februar aber schneidet man Weidenruten aus.

Wenn Bruegel eine Landschaft malt, dann malt er die Welt, die Naturkraft als Ganzes und nicht einen einzelnen, bestimmten Ausschnitt aus ihr. Diese Natur, diese Welt, lebt und wirkt nach unerbittlichen Gesetzmäßigkeiten. Die Wassermassen sind da und toben gegen die Ufer. Die Bäume sind da und stehen oder brechen. Und mitten zwischen ihnen ist der Mensch da als ein Stück dieser Natur, nicht anders als ein Berg, ein Schiff, ein Haus oder ein Stein. Wer Mensch sein will, so meinen die Bilder Bruegels, der muß in und mit den Dingen, in und mit den Mächten der Welt, der Natur, leben und arbeiten, sich freuen und untergehen.

Mit dieser Sicht ist Bruegel noch lange kein moderner Mensch. Im Gegenteil. Der Mensch Bruegels bedient sich der Welt nicht nach seinem Belieben. Er formt sie nicht, und wenn er es versucht, scheitert er daran. Diese Natur ist so übermächtig, ist so gefährlich und voll Drohung, daß der Mensch sich ihr beugt, sich vor ihr krümmt, sich vor ihr ängstigt. Der Mensch ist keine Einheit mit dieser Welt; er ist ihr ausgeliefert. Und selbst wenn Bruegel sich über diese Welt und den Menschen lustig macht, bleibt das Skurrile, das Komische und Verzerrte noch immer Ausdruck einer tiefen Weltangst.

In jedem Menschen sieht Bruegel die ganze Menschheit. Das Leben ist immer das Leben überhaupt und im ganzen. Es spielt sich immer in den gleichen Tragödien ab, in den gleichen Späßen und in der gleichen Verzweiflung. Auch auf dem Bild „Der düstere Tag".

Carel van Mander schreibt im „Schilderboeck" (1604), während einer Reise durch die Alpen habe Bruegel so viele Landschaften gemalt, daß man sagen könnte, er habe Berge und Felsen verschluckt, um sie nach seiner Heimkehr auf „Leinwände und Tafeln auszuspeien". So baut sich Bruegel seine eigene Landschaft aus Elementen seiner flämischen Heimat und aus den Eisriesen der Alpen und dem Meer.

Was will Bruegel sagen? – Im Hintergrund sinkt ein Schiff. Ins Dorf drängt das Wasser herein. Und wie unberührt vom Schicksal der anderen leben die Menschen auf dem Hügel ihr Leben.
Man muß Bruegel von Bild zu Bild folgen, um zu sehen, wie er arbeitet. Fast immer vereinen seine Bilder verschiedenartige Szenen. Aber nie stehen die Szenen nur nebeneinander. In derselben Stunde, in der die einen zugrundegehen, leben andere in ihrer kleinen Welt und gehen ihrer Arbeit nach oder feiern ihre Feste. Unberührt von der Angst und der Todesgefahr der anderen. Man bessert sein Dach aus. Man hackt Reisig für den Ofen. Zum „Düsteren Tag" gehört eben auch der Unterschied zwischen den Betroffenen und den Nichtbetroffenen. Zum „Düsteren Tag" gehört, daß die Menschen das Schicksal nicht lenken, dem sie gemeinsam unterliegen. Sie sind ein fast unbewußtes Teil einer großen Welt, der sie nichts entgegenzusetzen haben als eben sich notdürftig zu behaupten. Zu den Versuchen, sich zu behaupten, aber gehört auch die Weigerung, die Gefahr wahrzunehmen, die ihnen droht, ihnen allen gemeinsam.

Alle Weisheit ist von Gott, dem Herrn.
Wer sie sucht,
der suche sie jetzt und in alle Ewigkeit bei ihm.

Wer hat je gezählt, wie viel Sand im Meer ist,
wie viele Tropfen im Regen sind,

wie viele Tage die Welt steht?
Wer hat gemessen, wie groß der Weltraum,
wie reich die Erde,
wie abgründig das Geheimnis des Lebens ist?

Die Weisheit Gottes ist älter
als alle Dinge dieser Welt.
Sein Wissen kommt von der Ewigkeit her.
Wer kann etwas sagen
über den Ursprung der göttlichen Weisheit?
Wer hat ihre Hintergründe erfaßt?

Einer ist weise.
Zum Erschrecken gewaltig ist er.
Er herrscht in seiner Macht über alle Welt.
Gott selbst ist der Ursprung der Weisheit,
von ihm hat sie ihr Maß.

Er hat sie ausgegossen in alle seine Werke,
in alles, was lebt und sein Wesen von ihm hat.
Er gibt sie denen, die ihn lieben.
(Jesus Sirach 1,1–10)

Das unbelehrbare Herz zerschellt an seinen Grenzen

In die Zeit des Pflügens führt uns das Bild „Landschaft mit dem Sturz des Ikarus" (siehe Seite 15). Wir stehen auf einem Hügel über dem Meer. Ein Bauer führt seinen Pflug, Furche um Furche, über ein Feld. Ein Hirt steht auf seinen Stab gestützt und schaut gedankenverloren in die Wolken. Rechts in der unteren Ecke sitzt ein Fischer und angelt mit einem Faden. Dahinter dehnt sich eine unendliche Landschaft. Steile Gebirge, eine Hafenstadt. Eine zwischen steilen Felsen untergehende Sonne. Eine Meeresbucht mit kleinen und großen Schiffen und an der rechten Seite ein einzelnes großes Handelsschiff. Und dort, unter dem Heck, ist etwas vom Thema des Bildes zu sehen: Hilflos strampeln zwei Beine aus dem Wasser. Ikarus, der fliegende Mensch, stürzt ins Meer und wird im nächsten Augenblick untergegangen sein.

Das Bild hat seinen Namen von der griechischen Sage. Daedalus, so erzählt sie, war ein kunstreicher Schmied, der nach allerlei Abenteuern auf Kreta vom dortigen König Minos festgehalten wurde. Da fertigte er für sich und seinen Sohn Ikarus aus Vogelfedern Flügel, die er mit Wachs zusammenfügte. Er ermahnte den Jungen, nicht zu nah am Wasser zu fliegen, weil sonst die Flügel naß würden, und nicht zu nah an der Sonne, weil sonst das Wachs schmelze.

Der römische Dichter Ovid erzählt diese Geschichte so:
„Daedalus nun, von den Federn gehoben,
Fliegt voran, voll Angst um den Sohn, dem Vogel vergleichbar,
Der aus dem Nest in der Höhe die zarte Brut in die Lüfte
Führt: er ermahnt ihn, zu folgen, und lehrt ihn die schädlichen Künste,
Selber schwingt er die Flügel und schaut nach den Schwingen des Knaben.
Irgendein Mensch, der Fische mit schwankender Rute sich angelt,
Oder ein Hirt, gestützt auf den Stab, ein Bauer am Pfluge
Mochte sie sehn und erstaunen und glauben, die Segler der Lüfte
Seien wohl Götter. Und schon lag Samos, die Insel der Juno,
Links – sie waren an Delos und Paros vorübergeflogen –,
Rechts war Lebinthos und das an Honig so reiche Calymne:
Da begann sich der Knabe des kühnen Fluges zu freuen
Und verließ seinen Führer: von Himmelssehnsucht gezogen,
Stieg er noch höher hinan. Die Nähe der raffenden Sonne
Schmelzt das duftende Wachs, das Bindemittel der Federn.
Schon ist das Wachs zerflossen: jetzt schwingt er nur noch die Arme,
Aber er faßt keine Luft – es fehlen ihm gleichsam die Ruder –,
Und sein Mund, wie er schreit nach der Hilfe des Vaters, im blauen
Wasser versinkt er . . .”

Landschaft mit dem Sturz des Ikarus,
um 1558

So malt Bruegel einen Bauern am Pflug, rechts neben ihm auf der Heide am Hang einen Hirten, der sich auf seinen Stock stützt, und rechts, in der vorderen Ecke, sitzt ein Fischer und wirft den Angelfaden aus. Aber die drei schauen, anders als bei Ovid, nicht zu Daedalus und Ikarus auf. Der Pflüger schaut auf seine Furchen, der Schäfer träumt in die Ferne, der Fischer sieht ins Wasser. Sie bewundern nicht die Leistung der Fliegenden, sondern wenden sich von ihnen ab. Und selbst die Sonne, die doch hoch am Himmel stand, als sie das Wachs schmolz, geht ihren Weg unbekümmert weiter hinter den Horizont. Und darin gerade scheint die Absicht des Malers zu liegen.

Bruegel lebte in einer Zeit des Aufbruchs. Kopernikus hatte eben festgestellt, nicht die Erde, sondern die Sonne stehe im Mittelpunkt der Welt. Kolumbus hatte eben Amerika entdeckt. Der Seeweg nach Indien hatte ein neues Zeitalter der Seefahrt eröffnet. Magellan war zum ersten Mal rund um die Welt gesegelt.

Das Schiff, das unabhängig von den Küsten auf dem freien Ozean seinen Weg findet, ist das Symbol der Zeit. Die Erde, die Ferne, der unendliche Raum und die Freiheit des Menschen über all das Neuentdeckte die Herrschaft zu ergreifen, ist ihr Thema. So bietet das Bild Bruegels alles mit einem einzigen Blick: den Acker und die Weide, Felsengebirge, Inseln, Stadt, Schiffe und den unendlichen Horizont.

Der Segler, den unser Bild zeigt, gehörte zu den Großschiffen jener Zeit. Er war wohl etwa vierzig Meter lang und fünfzehn Meter breit, hatte vier Decks und vier Masten. Ein Kanonendeck diente seiner Verteidigung auf dem offenen Meer, denn eine Fahrt nach Indien war ein gefährliches Abenteuer. Solche Schiffe fuhren in dem großen und damals wichtigen Hafen von Antwerpen aus und ein. Bruegel hat sie als Bürger von Antwerpen oft und oft gezeichnet.

Aber will er wirklich den Reichtum der Kaufleute zeigen oder den Mut der Seefahrer? Unmittelbar neben dem Schiff versinkt Ikarus in den Wellen: Ikarus, der Abenteurer, der Pionier, der Eroberer des neuen Raumes, Ikarus, der Held, dessen Taten die Welt bewundert wie die Taten des Kolumbus oder des Magellan. Auf dem Schiff rührt sich nichts. Niemand schaut über die Reling, niemand schickt sich an, den Ertrinkenden zu retten. Unbeachtet von dem Bauern, dem Hirten und dem Fischer am Ufer, unbeachtet von den Seeleuten auf dem Schiff ertrinkt Ikarus. Dabei dachte Bruegel ganz sicher nicht an einen kleinen, harmlosen Flugversuch. Die Sonne geht auf unserem Bild eben hinter dem hellglänzenden Horizont unter. Wie ist das möglich, da Ikarus doch hoch am Himmel in ihre Nähe geraten war? Die Sonne muß, seit das Wachs schmolz, mindestens vier oder fünf Stunden weitergelaufen und Ikarus also vier oder fünf Stunden lang aus einer ungeheuren Höhe abgestürzt sein. Bruegel begeht keinen naiven Fehler. Was er malt, ist Absicht. Dennoch, obwohl Ikarus offenbar hoch in den Weltraum gestiegen war wie ein Entdecker ferner Dimensionen, endet er klein und menschlich als ein gewöhnlicher Ertrinkender, unbeachtet und unbeweint.

Ikarus ist, so will Bruegel sagen, nicht ein Held, sondern ein Tor. Er greift nach Dingen, die ihm nicht zustehen und die ihm nicht nützen, die dem begrenzten Menschen nicht angemessen sind, mit denen er also auch nicht umgehen kann. Wer nach zu großer Ferne greift, verliert den Boden unter den Füßen. Wer sich zu viel anmaßt, wird an seiner Anmaßung zugrunde gehen.

„Strebe nicht nach Aufgaben, die für dich zu schwer sind",
warnt der jüdische Weisheitslehrer Jesus Sirach,
„und nach einem Werk, zu dem deine Kraft nicht reicht.
Was Gott dir aufgetragen hat, das überdenke sorgsam.
Es hilft nichts, daß du nach immer Neuem ausschaust.
Mehr als du ohnedies tun mußt, sollst du nicht erstreben,
denn dir ist schon mehr aufgetragen, als du bewältigen kannst.
Die Vermessenheit hat schon viele zu Fall gebracht.
Der Dünkel hat ihre Gedanken verdunkelt.
Das unbelehrbare Herz zerschellt an seinen Grenzen.
Wer das riskante Spiel liebt, der geht dabei zugrunde." (Sir 3,21–26)

Kaum ein Bild Bruegels scheint heute, in der Zeit nicht etwa nur des Fliegens, sondern überhaupt der unbegrenzten Herrschaft des Menschen über alle Dinge, auch über die, die er nicht begreift und nicht bewältigt, so aktuell zu sein wie dieses.

Denn dies hat der gewollt, der den Menschen in die Schöpfung hineingestellt hat: daß er ein Wesen der Erde ist, daß er im Gleichklang mit ihren Kräften und Gesetzen sein Brot schafft, nachdenklich, behutsam, sorgfältig und mit allen Kräften seines Leibes und seiner Seele. Oder dies: daß er wie der Schafhüter im Hintergrund zwischen den Tieren lebt, daß er träumt von der Höhe und Weite der Welt und seinen Platz findet unter Sonne, Wind und Wolken.
Ist uns das zu wenig? Wollen wir mehr? Mehr zu wollen wäre nach Bruegel jedenfalls – und nach der Botschaft der Bibel zugleich – nur dann sinnvoll und gesegnet, wenn es der Wunsch von Menschen wäre, die wissen, auf welcher Erde sie stehen und in welchen Raum und Rahmen Gott ihnen ihre Zeit gegeben hat.

Der 19. Psalm, der die kosmische Weite und Schönheit mit der menschlichen Daseinsordnung verbindet, ist von Bruegels „Sturz des Ikarus" wie aufgenommen und nachgesprochen:

„Der Himmel erzählt die Herrlichkeit Gottes,
was er getan hat, ist sichtbar überall in der Welt.
Ein Tag sagt es dem anderen weiter,
und was eine Nacht von Gott weiß,
sagt sie der nächsten ins Ohr.
Sie reden ohne Worte und ohne vernehmbare Stimme,

was sie erzählen, reicht über das Land
und an das Ende der Welt ihr Raunen.

Er hat der Sonne ein Zelt gemacht hinter den Enden der Welt.
Sie kommt heraus, stark und fröhlich,
wie ein Bräutigam, der aus der Kammer tritt,
seiner Braut zu begegnen, und freut sich,
wie ein Held über den Himmel zu laufen.
Sie geht auf an einem Ende des Himmels
und läuft wiederum bis zum anderen,
nichts bleibt verborgen, wohin sie leuchtet.

Die Weisung Gottes ist ohne Fehler,
eine Wohltat ist sie der Seele.
Die Gesetze Gottes sind klar und rein
und machen die Augen hell.
Das Wort des Herrn ist rein und besteht auf ewig,
die Ordnungen des Herrn sind Wahrheit und allesamt gerecht.
Kostbarer sind sie als Gold, kostbarer als reines Gold.
Süßer als Honig sind sie, als süßer Honigseim.
Eine Warnung sind sie mir,
wenn ich zur Rechten oder Linken irre.
Wer auf sie achtet, findet das Ziel."
(Psalm 19,1–12)

Auf daß das Leben gelinge

„Der düstere Tag" spielt im Januar und Februar. Der Bauer auf dem Bild „Landschaft mit dem Sturz des Ikarus" pflügte. Es war März oder April. Hier ist Heumond, wie man in den Niederlanden sagt: Juni oder Juli. Rund um einen übervollen Heuwagen herrscht lebendiges Treiben. In einem flachen Talgrund sind vier Frauen unter großen, runden Sonnenhüten damit beschäftigt, das trockene Heu mit Rechen zusammenzuziehen, und vier Männer damit, es auf den Wagen zu heben und dort zu sichern. Zwei Pferde fressen gemächlich aus einem Korb.

Die „Heuernte" ist unter den Monatsbildern Bruegels das fröhlichste. Der Mensch erscheint auf ihr so freundlich eingebettet in seine überschaubare Welt wie wohl auf keinem anderen Bild dieses Malers.
Auf einem Weg im Vordergrund sitzt an der Stelle, an der die Wagen durch ein Gattertor auf die Wiesen einfahren können, ein Bauer und schärft seine Sense. Drei junge Frauen mit Rechen sind zur Arbeit unterwegs. Zwei Frauen und drei Männer bringen Früchte oder Gemüse in großen Körben nach Hause oder zum Markt. Eine Reiterin hat ihr Pferd vor eine Art Schlitten gespannt, der die Last der Ernte trägt. Am Rand der Wiese, auf der die Heuernte voll im Gang ist, liegen wohnliche Gehöfte. Am Berghang steht

Die Heuernte, 1565

eine Kirche, eingebettet in Bäume und geschützt von einem riesigen Felsklotz. Und in der Ferne dehnt sich blau das Land: Hügel, eine Stadt, ein Fluß.
Es ist, als wolle Bruegel sagen: So gut kann es stehen zwischen den Menschen und ihrer Welt. So glücklich kann das Menschenleben verlaufen, so in sich ruhend und bewegt, nach dem Willen dessen, der all dies so gewollt hat.

Die Menschen, die Bruegel malt, sind selten schön. In der Regel zeigt er den gebrochenen Menschen, den zerstörten, den irrenden, den bösen oder leidenden. Hier – es ist eine seltene Ausnahme – malt er ihn anmutig in der Gestalt dreier Mädchen, die, gesund und elastisch, mit ihrem Werkzeug und einem Krug zur Arbeit aufs Feld gehen. Es sind nicht eigentlich drei Einzelmenschen, sondern eine Gruppe, ein Zusammenschluß gleichsam dreier Einzelwesen zum Wesen Mensch überhaupt, der so durch seine Welt geht. Und die fünf, die auf dem Weg im Vordergrund die Fruchtkörbe nach Hause schaffen, gehen ebenso wie die Mädchen im gleichen Rhythmus, fast im gleichen Schritt, in der gleichen Bewegung, mit den gleichen Körben und Früchten ihres Weges. Nicht Einzelpersonen, sondern Ausdruck des Menschenwesens, wie es seiner eigentlichen erdhaften, weltnahen Bestimmung entspricht.

O Gott meiner Väter, du Herr aller Güte,
der du alle Dinge gemacht hast,
du hast auch uns Menschen gebildet in großer Weisheit,
hast uns geboten, zu herrschen über deine Geschöpfe,
indem wir die Gesetze achten, die du gestiftet hast.

Gib mir die Weisheit, die nirgends ist als bei dir allein,
denn ich bin ein schwacher Mensch, dessen Leben kurz ist,
und weiß nicht genug über den rechten Weg.
Denn welcher Mensch weiß, was Gott plant?
Wer kann in seine Gedanken fassen, was Gott will?
Die Gedanken sterblicher Menschen sind ungewiß,
und ihre Pläne sind gefährlich.

Der schwache Leib ermüdet die Seele,
und die irdische Hütte bedrückt den zerstreuten Sinn.
Wir verstehen kaum, was auf Erden ist,
und erkennen nur schwer, was unter den Händen ist.
Wer will das Verborgene ergründen?

Wie soll einer deine Weisung erfahren,
wenn nicht so, daß du Weisheit gibst?
Sende deinen Heiligen Geist aus der Höhe,
daß das Leben auf Erden gelingt,
daß die Menschen lernen, was dir gefällt,
und durch Weisheit errettet werden.
(Weisheit Salomos 9,1–5.14–18)

Mit vielen guten Dingen ist die Erde gefüllt

Es ist Hochsommer. Die Mäher stehen zwischen den reifen Kornfeldern und mähen das mannshohe, dichtstehende Getreide. Ein Krug steht links zwischen den Halmen, damit das Wasser kühl bleibt. Denn es ist ein heißer Tag.

Die „Kornernte" ist auf den ersten Blick ein leuchtendes, ein fröhliches Bild. Reife Felder, fleißige Arbeit, gemächliches Essen, Trinken und Ruhen unter dem Baum. In der Ferne das Ufer des Meeres und ein Dorf. Links im Hintergrund ein breit hingelagerter Hügel in der Farbe des reifen Getreides, davor Bäume und Wiesen; ein hochbeladener Erntewagen fährt dem Dorf zu. Im rechten Hintergrund hinter Gehölz und Gebüsch eine Kirche mit blauem Schieferdach; und im breiten Vordergrund das Einbringen einer reichen Ernte.

Den schmalen Feldweg herauf trägt ein Junge zwei Krüge mit Wasser oder Most. Und während rechts noch fleißig gearbeitet wird, sitzt eine Familie im lichten Schatten eines Baumes. Die einen stecken sich Brot in den Mund, die anderen löffeln eine Art Milchsuppe, einer hebt den gewaltigen Krug,

Die Kornernte, 1565

um daraus zu trinken, und einer ist bereits satt, liegt schon unter dem Baum und schläft, massig hingestreckt.
Was will der Mensch mehr als ein Leben dieser Art? Mag es zu anderen Zeiten auch karg und arm zugehen, heute ist Ernte. Heute ist das große Einsammeln und Einfahren. Heute wird Vorrat geschaffen für das lange Jahr. Und die Menschen sind ein Teil dieser Erde, die sie so reich versorgt.
Aber je länger ich mir dieses Bild ansehe, desto unwahrscheinlicher ist mir, daß Bruegel dies gemeint habe. Das Bild hat noch eine zweite Ebene.
Es fällt auf, wie die Gestalt des Kornfeldes zur übrigen Landschaft im Widerspruch steht. Das Feld ist rundum wie mit dem Lineal gezogen. Harte Winkel, eine die ganze Landschaft störende, brutale gelbe Fläche, die nichts kennt von der sensiblen Lebendigkeit des Hintergrunds. So massig wie der Schläfer unter dem Baum liegt das Werk des Menschen, das Kornfeld, in der Landschaft. Es ist ein aggressives Gelb und ein unorganisches Gebilde, eine Störung des Bildes, das die Natur eigentlich geben möchte. Hart und künstlich.
Ernte ist immer zugleich Leben und Tod. Das fruchtbare Feld wird abgemäht. Übrig bleiben die trockenen Halme und Ähren, übrig bleibt das Stoppelfeld. Aus der trockenen Frucht aber wächst dem arbeitenden Menschen Leben zu. „Im Schweiße deines Angesichts sollst du dein Brot essen, bis du wieder zu Erde wirst. Denn du bist Erde und zu Erde wirst du werden”, sagt die Schöpfungsgeschichte. Solange aber der Mensch sein Brot aus der Erde holt, beherrscht er die Natur, zwingt er sie, und das heißt auch: deformiert sie, zwingt ihr seine Absicht auf. Die rechtwinkligen Felder und die steilen

Gassen zwischen den Halmen wirken so, als fresse sich hier ein Ungeziefer, das Ungeziefer Mensch, in die Landschaft hinein.

Es fällt immer wieder auf, daß Bruegel seine Menschen - wie gesagt - nicht schön malt. Er malt sie ungemein körperlich, aber dabei in aller Tätigkeit und Kräftigkeit plump, so, als wolle er Wesen malen, die nur aus Leibern bestehen. Die Gesichter der Essenden haben etwas fast Tierhaftes. Sie unterscheiden sich nicht von fressenden Kühen oder Hunden.
Und wenn sie sich vollgefressen haben, lassen sie sich irgendwohin fallen und schlafen wie die Tiere. Es ist gewiß viel Urwüchsiges in der massiven Körperlichkeit dieser Gestalten, aber es ist auch viel Verdrießlichkeit im Pinsel des Malers: Sollte das wirklich das Leben des Menschen sein? Ist das der Mensch? Ist das alles, daß er sich durch die Natur frißt wie eine Maus durch den Käse? Und ist der vollgefressene Wanst das Höchste, das ihm erreichbar ist?
Bei aller Schönheit, die Bruegel über dem Land ausgebreitet sieht: So schön ihm die Natur ist, so wenig schön ist ihm der Mensch. Denn dem Menschen ist ein Auftrag gegeben, der seine Seele herausfordert, seinen Geist. Der Mensch soll nicht nur seinen Anteil aus der Natur herauswirtschaften. Er soll das Ganze im Auge behalten. Er erfüllt seinen Auftrag, über die Tiere und die Pflanzen, über den ganzen Garten Gottes zu herrschen nur, indem er mehr wird als das stärkere Tier, nämlich der sensible Bewahrer und Hüter seiner Brüder und Schwestern in der sogenannten niederen Natur, damit diese Welt am Ende Gottes Garten bleibt.

Als der Herr am Anfang seine Werke schuf,
da bestimmte er jedem seinen Platz.
Er gab den Gestirnen die ewige Ordnung
und legte ihren Auftrag für immer fest ...

Dann schaute der Herr die Erde an
und füllte sie mit vielen guten Dingen.
Er bedeckte sie mit jeder Art von Tieren,
und sie alle kehren zurück in den Staub.
Aus Erde formte der Herr die Menschen,
auch sie schickt er wieder zu ihr zurück.
Er gab ihnen abgezählte Tage
und setzte die Zeit ihres Lebens fest ...

Er schuf sie nach seinem eigenen Bild
und gab ihnen teil an seiner Macht ...
Er gab ihnen Zunge, Auge und Ohr
und einen Verstand, um nachzudenken.
Mit Einsicht und Wissen erfüllte er sie
und leitete sie durch Beispiele an,
zwischen Gut und Böse zu unterscheiden.
Er lehrte sie, ihn ernst zu nehmen,
und zeigte ihnen die Größe seiner Werke.
(Jesus Sirach 16 und 17)

Es gibt nichts Besseres, als fröhlich zu sein bei allem Tun

Die Stimmung schlägt um. Es ist Herbst geworden. Rechts und links eines breiten Flußtals starren die felsigen Berge in den Himmel. Kahl, fast unbewohnbar scheint das Land, wenige Hütten drängen sich zwischen Ufer und Berghang. Und über den Bergen kündigt sich der Sturm an, das Wetter, die Kälte, der Regen, vielleicht bald der Schnee. Auf einem Hügel nahe dem Flusse aber stehen Galgen, die Symbole des Todes. Die Welt wird gefährlich.

Unter diesem bedrohlichen Himmel treiben die Menschen ihr Vieh nach Hause, in den Stall. Die Bewegung geht von rechts nach links. Es ist eine Bewegung, die rückwärts verläuft. Eine Flucht. Eine Heimkehr zum Ausgangspunkt. Sechs Männer, einer von ihnen reitend, treiben an die zwanzig Stück Vieh von rechts, vom Abhang her, auf einen Weg, der zwischen schmalen Bäumen in ein Dorf hinabführt. Mit langen Stangen stoßen sie die Tiere in die richtige Richtung.
Der Sommer hat die Rinder fett gemacht, nun kehren sie zurück, und das Leben ballt sich im Dorf zusammen über die Zeit der Kälte. Wie die Bäume ihren Saft einziehen, so zieht das Dorf sein Leben ein, um durch den Winter

Die Heimkehr der Herde, 1565

zu träumen. Es ist alles eingefaßt in den Rhythmus des Jahreslaufes.
Die Dunkelheit droht, und die Bewegung, die im Frühjahr nach draußen gegangen war, verläuft nun nach innen. Darüber muß nicht nachgedacht werden. Die Tiere wissen, wo die Wärme ist und der Stall, und die Menschen wissen es auch.
Das Bild von der Heimkehr der Herde hat bei all seiner Schönheit etwas dumpf Naturhaftes. Da leistet niemand irgendeinen Widerstand gegen ein Schicksal. Man nimmt es hin. So ist es. Der Winter kommt, und das Leben fügt sich darein. Durch den roten Lehm stampfen die Tiere und die Menschen, und beide sind ein Teil der Erde. Das Gesetz der Erde hält sie gefangen. Es gibt keine Freiheit.

Was will Bruegel sagen? Je länger wir seine Bilder betrachten, umso deutlicher kommt uns ein tiefer Pessimismus entgegen. Die Sorge: Sollte der Mensch nicht mehr sein? Ist ihm nichts zugedacht als dies? Geboren werden, wachsen, essen, schlafen, lieben, arbeiten, streiten, leiden, zugrunde gehen. Und dann allenfalls mit dem Instinkt des Tieres sich schützen vor den Drohungen seines Schicksals?
Bruegel war weder ein Idealist noch ein Romantiker. Er sah die Welt und die Menschen und litt darunter, daß sie so waren, wie er sie sah. Es ist, als male er die Klage des Predigers aus dem Alten Testament:

„Es geht dem Menschen wie dem Vieh.
Wie das Vieh stirbt, so stirbt auch er.
Sie haben alle denselben Atem,
und der Mensch hat nichts voraus vor dem Vieh.

Es ist alles eitel.
Es fährt alles an denselben Ort.
Es ist alles aus Erde geworden und wird wieder zu Erde.
Wer weiß denn, ob der Atem des Menschen aufwärts fahre
und der Atem des Viehs hinab unter die Erde?"
(Prediger Salomo 3,19–21)

Der Mensch treibt zwar sein Vieh. Das ist seine Herrschaft. Aber nach seinem Wesen unterscheidet er sich kaum. Er zieht seine Füße bei jedem Schritt ebenso mühsam aus dem Lehm der Straße wie das Rind, das er treibt.
Und in Wahrheit herrscht nicht der Mensch über die Natur, sondern die Natur über den Menschen, auch wenn er meint, der Herr zu sein. Die Kräfte, die auf diesem Bild wirksam werden, sind nicht die Kräfte des Menschen. Es sind die Kräfte von Frühjahr, Sommer, Herbst und Winter, die Kräfte des Sturmes, der Kälte und der eingezogenen Säfte, und wenn die Natur wieder erwacht, dann nicht nach dem Gesetz und Willen des Menschen, sondern nach ihrem eigenen.

Was hat nun der Mensch von all seinen Mühen?
All seine Tage sind Leiden
und Verdruß sein Geschäft.
Selbst bei Nacht findet sein Herz keine Ruhe.
Das Beste ist noch,
zu essen und zu trinken
und sich zu freuen in seiner Mühsal,
denn auch das kommt aus der Hand Gottes.

Denn was Gott tut, hat ewigen Bestand.
Man kann nichts dazutun
und nichts davon wegnehmen.
Und er hat es so gemacht,
damit man sich vor ihm fürchte,
damit die Menschen sehen:
Sie sind nicht mehr als das Tier.
Beide, Mensch und Tier, haben dasselbe Ende.
Der Atem des Menschen ist nicht anders
als der des Tieres.

Und so sah ich:
Es gibt nichts Besseres,
als daß der Mensch fröhlich ist bei seiner Mühe.
(Prediger Salomo 2,22–24; 3,14.19.22)

Gott nimmt sich des Menschen freundlich an

Es ist Winter. Das Land ist bedeckt mit Schnee, die Gewässer sind zugefroren. Grün ist das Eis auf den Seen, und grün ist der Himmel. Man fühlt die Kälte fast körperlich. Im Tal, auf den zugefrorenen Fischteichen, bewegen sich Schlittschuhläufer und Hockeyspieler. Einige vergnügen sich mit Eisschießen oder mit dem Schlagen von Kreiseln. Eine Elster schwingt sich über das Dorf hinab, und im Hintergrund lehnt sich ein anderes Dorf an die steilen Felszacken. Im Mittelgrund klettern Feuerwehrleute auf das Dach eines Hauses, während aus dem Dachstuhl die Flammen schlagen.

Im Vordergrund, auf einem steilen Hügel, steht ein Wirtshaus. Auf einem großen rechteckigen Schild ist zu lesen: Zum Hirschen. Das Bild zeigt den heiligen Eustachius, von dem die Legende erzählt, er habe, als ein Jäger und ein „Heermeister" des Kaisers Trajan, in einer Vision im Geweih eines Hirsches ein Kreuz gesehen und er habe sich auf diese Erscheinung hin taufen lassen.
In diesem Wirtshaus also soll man einkehren. Und als Beweis dafür, daß es dort Gutes und Nahrhaftes zu essen gibt, sind zwei Männer, zwei Frauen

Die Jäger im Schnee, 1565

und ein Kind damit beschäftigt, ein Schwein zu sengen. Das heißt: Man legte ein Schwein nach dem Töten auf die Erde und häufte Stroh darüber, zündete das Stroh an und brannte so die Borsten ab.
Davor, als gingen sie unberührt oder absichtsvoll an der nahrhaften Einladung vorbei, stapfen drei Männer mit einer Meute Hunde zwischen den Bäumen ins Tal hinab.

Das Bild hat zwei kräftige, sich schneidende Diagonalen. Es zeigt keine ruhende Landschaft wie die „Heuernte" und keine einseitige Fluchtbewegung wie die „Heimkehr der Herde". Die Kräfte sind frei durch das ganze Bild hindurch nach allen Richtungen spürbar. Die eine Diagonale beginnt bei dem dunklen Baumbestand auf dem Hügel am linken Bildrand hinter dem Wirtshaus und zieht sich über die Häuser und die Büsche hinter den Jägern nach rechts hinab bis zu den Häusern und der Brücke in der rechten unteren Ecke, zu den beiden Frauen, die da über das Eis laufen. Die andere Diagonale beginnt bei den Hunden in der linken unteren Ecke und führt über den kräftigen Schritt der Jäger und die Reihe der Bäume hinab zu der Straße, auf der ein Wagen dem Dorf zu fährt, und über das Dorf zu den Felszacken rechts oben.
Es ist ein Bild voller Bewegung. Die Ferne droht nicht so sehr, sie hat vielmehr etwas Lockendes. Die Menschen spielen auf dem glatten Eis. Die Häuser geben Wärme und Schutz unter ihren Schneedächern. Und eine Gruppe von Menschen und Hunden strebt – wohin eigentlich? Manche

nennen das Bild „Heimkehr der Jäger". Aber der wirkliche Name heißt vermutlich: „Jäger im Schnee". Die Gruppe wirkt zunächst nicht, als kehre sie heim, sie scheint vielmehr mitten im Aufbruch. Die Hunde drängen erwartungsvoll den Jägern nach. Und wie im Kontrast dazu trägt einer der Männer an einem Stock über der Schulter ein Beutetier, einen Fuchs wohl. Er kommt also von der Jagd zurück.
Aufbruch und Heimkehr scheinen sich zu verbinden. Es scheint, als suchten die Jäger ihren Weg den Abhang hinab und über die Brücke, an den Seen vorbei hinüber in die Berge – und zugleich mag man sie heimkehren sehen aus der Unwirtlichkeit der Bergwälder unter die warmen Dächer ihres Dorfes. Die Energie des Aufbruchs und die Freude der Heimkehr sind eins, auch wenn ein Fuchs kaum lohnend erscheint als Beute eines Tages. Und wenn die Jäger hinübersehen über die Seen, sehen sie, wie eines ihrer Häuser während ihrer Abwesenheit Feuer gefangen hat. Und so mischt sich auch hier wieder die Sorge um das Leben der Menschen in die wunderbare winterliche Szenerie.

Und doch stehen die vier Bäume in ihrer geraden Reihe wie aufgerichtete Zeichen der Selbstbehauptung und der Hoffnung auf dem Hügel, Zeichen einer Hoffnung, die sich gegen alle anderen Kräfte auf diesem Bild fast mühelos durchsetzt. Sie sagen: Ihr Menschen, steht auf! Ihr habt einen Weg! Ihr habt ein Ziel. Ihr könnt etwas tun und erreichen. Nehmt es mit der Ferne auf; sucht einen Weg!

Und als wiederholten sie den Aufruf am Ende und am Ziel der Wanderung, stehen den vier Bäumen jenseits des Tales vier steile Bergzacken gegenüber, die weniger wie eine Drohung wirken als wie eine Aufforderung. Ihr braucht nicht im Tal zu verweilen, scheinen sie den Jägern zuzurufen. Ihr könnt eure Beute hier finden, im unzugänglichen Eis.
„Das Herz ist ein einsamer Jäger", hat einer gesagt. Und das Herz soll sich von den warmen Wirtsstuben und der Ofenbank lösen. Es soll seinen Weg suchen, auch wenn es seinen Weg erst selbst treten muß mitten durch den Schnee. Die Hunde sollen die Fährte aufnehmen und die Menschen sich aus der Seßhaftigkeit lösen. Die Elster aber über dem See zieht voraus dorthin, wo die Jäger ihren Weg gehen sollen bis zu ihrem fernen Ziel.

Hier ist der Mensch freier als auf der lehmigen Straße, auf der er seine Kühe treibt. Hier ist er der Natur näher als in der künstlichen Ordnung seines Getreidefeldes. Hier ist er ihr ausgesetzt. Zugleich ist er aber der freie, bewegliche Wanderer, der es mit ihr aufnimmt, ohne sie zu zerstören. Es scheint, Bruegel habe seine ganze Liebe diesen Jägern zugewendet.
Hier spürt er einen Willen, hier ist eine Welt, die nicht lähmt und bedroht, sondern zur Freiheit herausfordert. Im Tal zwar spielen und arbeiten die Menschen in ihrer bewahrenden Seßhaftigkeit. Aber quer durch ihre Ansiedlungen suchen sich die Jäger ihren Weg.

In der Tafel „Der düstere Tag” (Seite 7) war der Mensch begrenzt auf seine kleine Tätigkeit abseits dessen, was um ihn herum geschah. Im „Sturz des Ikarus” (Seite 15) ging er dem Pflug nach, ohne sich um die Abenteuer anderer zu kümmern. In der „Heuernte” (Seite 23) war er ein Gemeinschaftswesen im harmonischen Einklang mit den Weiden, an denen er lebte. In der „Kornernte” (Seite 29) wuchs er sich zu einem Störer der Natur aus, einem Ausbeuter, der sich an ihr sättigt, ohne aus ihr freizuwerden. In der „Heimkehr der Herde” (Seite 35) war er ein instinktgebundenes Wesen wie Pferd und Kuh, auf dem Rückzug vor der drohenden Unwirtlichkeit.
Hier erst - auf dem Bild „Die Jäger im Schnee” - ist etwas wie Freiheit. Es ist, als wolle Bruegel hier eine Hoffnung aussprechen: daß der Mensch, der so tief in der Erde, in der Schöpfung wurzelt und so eng auf den Umkreis seines kleinen Lebens begrenzt ist, sich auf einen Weg macht in eine Freiheit, die ihm eine neue Übereinstimmung gibt zwischen der Erde und seinem, des Menschen, Auftrag, den Garten Gottes zu bewahren und Verantwortung zu tragen für die Geschöpfe, damit sie die Erde Gottes bleibt und die Heimat des Menschen zugleich.

Es hat alles seine Zeit,
und alles Tun unter dem Himmel hat seine Stunde:

Geboren werden hat seine Zeit.
Sterben hat seine Zeit.
Pflanzen hat seine Zeit
und Ausreißen hat seine Zeit.
Töten und Heilen, Einreißen und Bauen.
Weinen hat seine Zeit
und Lachen hat seine Zeit, Klagen und Tanzen,
Steine wegwerfen und Steine sammeln.
Umarmen und Getrenntsein, Suchen und Verlieren,
Behalten und Wegwerfen, Zerreißen und Nähen.
Schweigen hat seine Zeit und Reden hat seine Zeit.
Lieben und Hassen, Krieg und Frieden.

Ich sah, wie die Menschen sich mühen, und sah,
daß Gott die Mühe über sie verhängt hat.
Er aber tut alles zu seiner Zeit
und läßt ihr Herz sich ängsten,
wie es weitergehen solle in der Welt.
Denn der Mensch kann das Werk, das Gott tut,
doch nicht fassen. Weder Anfang noch Ende.
(Prediger Salomo 3,1–11)

Der Herr, der ewig lebt,
hat alles gemacht, alles, was ist.
Ihm allein wird man zuletzt recht geben.
Niemandem hat er die Gabe verliehen,
alle seine Werke zu beschreiben.
Wer will seinen Wundern nachspüren?
Wer kann seine große Macht messen?
Wer will seine große Barmherzigkeit zu Ende beschreiben?
Man kann sie nicht mindern und nicht mehren
und kann seine wunderbaren Taten nicht ergründen.

Aber ein Mensch! –
Wenn er alles getan,
dann hat er noch kaum angefangen.
Und wenn er am Ziel ist,
fehlt es an allen Enden.
Wenn er lange lebt,
so lebt er hundert Jahre.
Wie ein Tropfen Wasser gegen das Meer,
wie ein Sandkorn gegen den Sand am Meer,
so gering sind seine Jahre gegen die Ewigkeit.

Darum hat Gott mit den Menschen Geduld
und schüttet seine Barmherzigkeit über sie aus.

Er sieht und weiß,
daß sie ein schreckliches Ende nehmen,
und nimmt sich ihrer um so freundlicher an.
(Jesus Sirach 18,1-6.8-12)

Die Weisheit aber kommt einzig von Gott:
„Er hat die Erde gegründet in Weisheit
und die Himmelsräume durch seine Einsicht gespannt.
Verliere sie nicht aus den Augen,
daß du deinen Weg findest.
Bewahre die Klugheit, die von Gott ist.
Sie wird dir das Leben bewahren
und wird ein Schmuck für dich sein,
ein Schmuck wie die Kette an deinem Hals."
(Sprüche Salomos 3,19-22)

Pieter Bruegel, der Mensch und sein Denken

Niemand weiß, wann und wo er geboren wurde. Wahrscheinlich ist das Jahr 1525. Und es wird berichtet, er sei „in einem kleinen Dorf geboren, dessen Namen er für sich und seine Nachfahren übernommen hat". Das kleine Dorf könnte bei Eindhoven gelegen haben und Bruegel geheißen haben, aber möglich ist auch das Dorf Grote Brogel bei Breda. Beide Dörfer liegen im Flämischen.

Das erste, das wir von ihm wissen, ist, daß er mit sechzehn Jahren nach Antwerpen ging. Diese vitale, weltoffene, reiche und betriebsame Handelsstadt muß ihn, den Jungen aus dem abgelegenen Dorf, mächtig angezogen haben, nicht nur wegen der Freiheit und Lebendigkeit ihrer Atmosphäre, sondern auch deshalb, weil sie ein Mittelpunkt für den Austausch unter Künstlern und Ort eines großen Bildermarktes war. Hier wollte er sich zum Maler ausbilden und als Meister in die Malerzunft aufgenommen werden.

Er lernte bei Pieter Coecke van Aelst, einem Maler, der von der italienischen Renaissance herkam und zugleich ein gelehrter Übersetzer italienischer Werke war. Als Coecke 1550 starb, war Bruegel etwa fünfundzwanzig Jahre alt. Er trat in die Werkstatt von Hieronymus Cock ein, dessen Haus ein Zentrum humanistischer Bildung und ein Treffpunkt von Gelehrten, Sammlern und Galeristen war. Dort begegnete Bruegel nicht nur allen Strömungen der Kunst seiner Zeit, sondern vor allem auch, was entscheidend für seinen weiteren Weg war, dem Werk des Hieronymus Bosch.

1551 wurde er als Meister in die Malerzunft aufgenommen. Kurz danach verließ er Antwerpen, reiste über Frankreich und die Schweiz nach Italien und hielt sich lange in Rom und Sizilien auf.

Carel van Mander, der die erste Biographie über Pieter Bruegel verfaßt hat – sie steht in seinem„Schilderboeck"aus dem Jahre 1604–, schreibt: „Auf seinen Reisen hat er viele Bilder nach der Natur gezeichnet, so daß man sagt, er habe in den Alpen alle die Berge und Felsen verschluckt und sie zu Hause auf Leinwände und Malbretter wieder ausgespien." In der Tat zeigen erstaunlich viele Bilder Bruegels alpenähnliche Hintergründe.

PETRO BRVEGEL.

DOMINICVS LAMPSONIVS

Quis nouus hic Hieronimus orbi
Boschius? ingeniosa magistri
Somnia peniculoque, styloque
Tanta imitarier arte peritus,
Vt superet tamen interim et illum?

AMICO CHARISSIMO. caneb:

Macte animo, Petre, mactus et arte.
Namque tuo, veterisque magistri
Ridiculo, salibusque referto
In graphices genere inclyta laudum
Præmia vbique, et ab omnibus vllo
Artifice haud leviora mereris.

Hic ille est BRVEGEL timuit quo sospite vinci
Rerum magna parens, et moriente mori.
Ars vtinam mores, animumque effingere poßit
Pulchrior in terris nulla tabella foret.

Bildnis Pieter Bruegel, um 1600 (siehe dazu Seite 62)

Weiter heißt es im „Schilderboeck": „Die Natur hat wunderbar ihren Mann gefunden und getroffen, um wiederum von ihm herrlich getroffen zu werden, als sie in Brabant, in einem unbekannten Dorf unter den Bauern, um Bauern mit dem Pinsel wiederzugeben, auserwählte und zur Malkunst erweckte unseren dauernden Ruhm, den sehr geistreichen und humorvollen Pieter Bruegel, der geboren wurde nicht weit von Breda in einem Dorf namens Bruegel, dessen Namen er geführt und seinen Nachkommen hinterlassen hat. Er hat seine Kunst gelernt bei Pieter Coecke van Aelst, dessen Tochter er später heiratete. Als sie noch klein war, hatte er sie oft auf den Armen getragen, als er bei Pieter wohnte. Von hier ist er zu Jeroon (Hieronymus) Cock arbeiten gegangen und ist dann in Frankreich gereist, und von dort nach Italien. Er hat sich viel geübt nach den Arbeiten des Jeroon van den Bosch, und in dessen Art machte er auch viele spukhafte und drollige Bilder, weshalb er von vielen Pieter der Drollige genannt wurde. Auch sieht man wenige Werke von ihm, die der Betrachter ernsthaft, ohne zu lachen, ansehen kann. Ja, so steif und griesgrämig und verschlossen er auch sei, er muß zumindest schmunzeln oder grinsen. Er entschied sich für Antwerpen als seinen Wohnsitz und kam dort in die Gilde oder Malerkammer im Jahre des Herrn 1551. Er arbeitete viel für einen Kaufmann namens Hans Franckert, einen edlen und vortrefflichen Mann, der gerne mit Bruegel verkehrte und täglich mit ihm zusammen war. Mit diesem Franckert ging Bruegel oftmals hinaus zu den Bauern zu Kirmes und Hochzeit, in Bauerntracht verkleidet. Sie brachten Geschenke wie die anderen und gaben vor, sie gehörten zur Sippe oder Landsmannschaft der Braut oder des Bräutigams. Hier hatte Bruegel sein Vergnügen daran, die Art der Bauern beim Essen, Trinken, Tanzen, Springen, Freien und in anderem spaßhaften Benehmen zu beobachten, was er denn sehr lustig und gefällig in Farben wiederzugeben verstand, sowohl in Wasser- wie in Ölfarben, denn mit beiden wußte er überaus geschickt umzugehen."

Nach seiner Rückkehr aus Italien im Jahre 1554 arbeitete Bruegel weiter bei Hieronymus Cock. Er zeichnete dort vor allem die Reihe der „Großen Landschaften". Von 1556 an wird sein Grundthema spürbar: der Gegensatz zwischen einer klaren, nach guten Gesetzen wirkenden Natur und den Verirrungen und Absurditäten des Menschenlebens. Bruegel knüpfte bei den grotesken Ungeheuern des Hieronymus Bosch an und entwickelte von ihnen aus seinen eigenen erzählerischen Stil der Polemik gegen Dummheit, Bosheit und Verkehrtheit der Menschen. Die aber zeigte er weniger als Bosch mit Hilfe einer abgründigen Welt symbolischer Zeichen als vielmehr im täglichen Leben seiner Landsleute auf. Er begann 1559 mit den „Niederländischen Sprichwörtern" und dem „Streit zwischen Karneval und Fasten". 1560 folgten die „Kinderspiele". Dieses Gemälde ist keineswegs eine fröhliche Darstellung spielender Kinder, vielmehr eine ätzende Satire auf die kindische Weise, in der die Menschen miteinander und mit der Welt umgehen, auf die Komödien, die die Menschen einander vorspielen, und die Gemeinheiten, die sie einander antun.

Darin kommt freilich nicht nur die persönliche Kritik Bruegels an den Torheiten der Menschen zum Ausdruck, sondern auch die Tatsache, daß er in einer Zeit lebte, in der alle überkommenen Sitten und Bräuche ihren Bezug zu der neuen Wirklichkeit verloren hatten. Mit Bruegel ging in Flandern das Mittelalter zu Ende.

Noch etwas anderes spielt mit: Seit 1533 standen die spanischen Truppen des Kaisers Karl V. in den Niederlanden. Denn dort hatten sich die Massen schon in den zwanziger Jahren des 16. Jahrhunderts der reformatorischen Bewegung angeschlossen, zum Teil den Täufern, später vor allem aber dem aus Genf einwirkenden Calvinismus. In der Täuferbewegung der Niederlande entstanden, besonders durch Menno Simons angeregt, obrigkeitskritische, unabhängige Gemeinschaften, die gleichwohl nicht fanatisch täuferisch wie im nahen Münster verfuhren, sondern schließlich in die versöhnliche Religionspolitik Wilhelms von Oranien mit eingingen.

Karl V. und nach ihm Philipp II. verstanden sich aber als Verfechter des katholischen Glaubens. So bildete sich in den Niederlanden eine Opposition, die nicht nur für die nationale Unabhängigkeit, sondern auch für die Freiheit des Glaubens kämpfte.

Bruegel schloß sich der Rebellion an, und die meisten seiner Bilder sind von da an Symbole des Widerstandes. 1562 malte er das Bild „Zwei Affen" (s. S. 54), die angekettet in einem Festungsfenster vor dem Panorama von Antwerpen sitzen. Die „Kreuztragung", 1564, zeigt spanische Reiter bei einer jener Massenhinrichtungen, mit denen die Spanier das Land niederzwangen. Die „Bußpredigt Johannes des Täufers", 1566, erzählt von den hugenottischen Geheimpredigern, die als Boten von Ort zu Ort zogen. Die „Dulle Griet" („Tolle Grete"), 1562, die mythische Riesin Grit aus der altnordischen Sage, schreitet, gierig nach Geld und Blut, durch eine brennende, von Gewalt, Haß und Tod bestimmte

BRVEGEL · MDLXII

Höllenwelt, ein Symbol der Machtgier und Brutalität und der mitleidlosen Zerstörung.

1565 verurteilte Philipp II. sechstausend Niederländer zum Tode, und 1566 gründeten einige calvinistische Adlige eine geheime Partei: die Geusen. Sie bezeichneten sich als die „Bettler". Bruegels Bild „Die Bettler" (s. S. 57) von 1568 spiegelt diese Bewegung. In einem Winkel zwischen Hauswänden schleppen sich fünf Krüppel herum, ein an seiner Kopfbedeckung kenntlicher Soldat, ein Adliger mit einer Pappkrone, ein Bürger mit einem Barett, ein Bischof mit einer Papiermitra und ein Bauer mit einer Kappe. Sie tragen Fuchsschwänze – das Merkzeichen der Geusen. 1566 marschierten neue spanische Truppen in die Niederlande. Spiegelung dessen, was dann geschah, ist das Bild „Der Bethlehemitische Kindermord", um 1566, das den wüsten Massenmord durch die Truppen des Herzogs Alba in den Dörfern und Städten zeigt, verborgen unter einem biblischen Thema. Bereits um 1562 schilderte Bruegel die Schrecken dieser Jahre in seinem unglaublichen Bild „Der Triumph des Todes". Massenmord, Hinrichtungen, Totenschädel, Feuer, Massen von Skeletten, vom Tod eingeschlossene Menschen drängen sich in einem aussichtslosen Kampf auf engem Raum zu einer apokalyptischen Vision zusammen.

Im Jahre 1563 hatte Bruegel die noch junge Tochter Mayeken (Mariechen) seines Lehrers Coecke geheiratet und war nach Brüssel umgezogen. Hier malte er 1565 im Auftrag eines Antwerpener Kaufmanns die Folge der Jahreszeitenbilder: „Der düstere Tag", „Die Heuernte", „Die Kornernte", „Die Heimkehr der Herde" und „Die Jäger im Schnee".

In derselben Zeit malte er den „Turmbau zu Babel" (1563) als ein Monument menschlicher Torheit und Eitelkeit. Bis 1568 folgten u. a. die Gemälde „Schlaraffenland", „Bauerntanz", „Bauernhochzeit" und „Das Sprichwort vom Vogelnest", von denen anzunehmen ist, daß mehr in ihnen verborgen ist an Spott, an Skepsis und an Polemik, als wir üblicherweise heute vermuten.

1568, ein Jahr vor seinem Tod, entstanden zwei Bilder der Resignation: „Das Gleichnis von den Blinden" (s. S. 61), das biblische Gleichnis von den Menschen, die einander führen und alle miteinander in ein tiefes Loch fallen, vorbei an einer Kirche, die im Hintergrund steht als das Zeichen für das Maß und die Richtung des Menschenlebens, als ein Zeichen freilich, das nicht gesehen wird. Und „Der Misanthrop" oder „Die Treulosigkeit der Welt": der Mensch, der zu viel weiß über diese Welt, um sich ihr noch zu öffnen, und den die „Welt" heimlich noch von hinten bestiehlt.

Vielleicht steht hinter der Gestalt des alten Mannes, der sich so tief in seiner Kapuze versteckt und der über die Welt und den Menschen resigniert ist, Bruegel selbst. Es bleibt ein Rätsel, worin letzten Endes das Leiden dieses großen Interpreten des Menschenlebens bestanden haben mag.

1564 wurde Mayekens und Pieters erster Sohn geboren, Pieter Bruegel der Jüngere, den die Kunstgeschichte den „Höllenbruegel" nennt. 1568 der zweite Sohn Jan, den wir als „Samtbruegel" oder „Blumenbruegel" kennen.

Im darauffolgenden Jahr, am 5. September 1569, starb Pieter Bruegel mit ungefähr 44 Jahren, niemand weiß, auf welche Weise und durch welche Krankheit. Als er den Tod fühlte, ließ er durch seine Frau eine Anzahl von Bildern verbrennen, die offenbar zu aggressiv zur politischen Situation Stellung bezogen, in der Sorge, man würde sich nach seinem Tode an Mayeken rächen.

Aber wer war Bruegel selbst? – Seine Bilder begegnen uns immer und immer wieder wie alte Bekannte: tanzende Bauern, tafelnde Schlemmer, Faulenzer oder spielende Kinder, Mäher im Sonnenlicht reifer Felder, Jäger mit ihren Hunden im Schnee, Viehhüter hinter ihren prallen, braunen Kühen; und immer wieder das volle, erdhafte Menschenleben, im grotesken Gleichnis oder der angreifenden politischen Satire, in der schonungslosen Moralpredigt oder der – an allem Sinn zweifelnden – gemalten Klage.

Man meint ihn zu kennen, den Plauderer, den Spötter, den Liebhaber seiner vitalen flämischen Welt, der Häuser und der Menschen seiner Heimat. Und immer wieder entdeckt man, daß er verborgener, hintergründiger und vor allem, daß er reicher an kämpferischer Absicht war, als man gemeint hatte, bis man am Ende in ihm vielleicht nur noch den Kritiker, den Entlarver, den Demonstranten gegen Willkür und Unrecht und den Widerstandskämpfer gegen die spanische Macht zu finden meint.

Aber auch dies war Bruegel gewiß nur so weit, wie er auch der behäbige Erzähler war oder der Kritiker religiöser Enge und frommer Gewohnheiten. Niemand, der zwei oder drei seiner Bilder beschreibt, wird darin den ganzen Bruegel zeigen können, sondern nur eben den Bruegel dieser Bilder. Und wenn ein religiöses Bild darunter sein sollte, so steht auch dahinter ein vielschichtiger und in sich widersprüchlicher Maler. Seine Vorgänger in Holland, Jan van Eyck (um 1390–1441) vor allen anderen, malten das religiöse Bild, das Bild

BRVEGEL M D LXVIII

für den Gottesdienst, für die Meditation des frommen Menschen, für die Andacht, um dem Glauben die Gestalt der Bibel oder der Heiligenlegende nahezubringen. Bruegel malte weltliche Bilder, auch wo ein religiöses Thema sie beherrscht. Aber er malte eine diesseitige Szene so doppelbödig und so hintergründig, daß es mitten in den profanen Szenen irgendwo doch plötzlich, und zwar näher, greifbarer, körperlicher als bei allen seinen Vorgängern, um Glauben und Unglauben geht.

Der „Bauern-Bruegel", wie Pieter Bruegel d. Ä. vielfach genannt wird, war kein Bauer. Er war alles andere als dies, wenn man darunter einen Menschen verstehen will, der vital und sinnenhaft mit der Erde und ihrer Fruchtbarkeit, mit Mensch und Tier, mit Baum und Haus befaßt ist. Er war ein Humanist, ein Philosoph, ein Zeitkritiker, ein Kämpfer gegen Tyrannei und Fremdherrschaft. Aber er war auch der zarte Schilderer und Liebhaber des Menschenherzens. Wer die Hände betrachtet, mit denen seine Bauern die Löffel oder die Becher halten, oder mit denen seine Marktweiber Fische zerhacken: die schönen, sensiblen Hände etwa auf dem figurenreichen Bild vom Streit zwischen Karneval und Fasten, der weiß, daß hier kein Verächter malte, sondern ein Liebender. Ein Liebender auch, wo er die Heuchler angreift, die Pfaffen und die Abergläubischen, die heilige Staffage oder die fromme Konvention. Ein Liebender um des Menschen und um des Glaubens willen.

Man kann Pieter Bruegel nicht fassen, indem man ihn kunstgeschichtlich einordnet. Er steht in keiner Traditionslinie. Man mag ihn der Renaissance, genauer dem Manierismus der Mitte des 16. Jahrhunderts zuordnen. Aber die Maler der Renaissance waren nicht seine künstlerischen Vorfahren, und es führt von ihm auch keine erkennbare Entwicklung in der Kunstgeschichte weiter.

Bruegel war ein Einzelgänger, der am ehesten noch Hieronymus Boschs mythischen Symbolismus fortsetzt, aber darüber hinaus etwas ganz Eigenes verwirklicht. Er hat keine der besonderen Interessenrichtungen der Renaissance mitverfolgt. Es ging ihm nicht um die Themen der antiken Mythologie, nicht um den architektonischen Szenenaufbau, nicht um das Studium des menschlichen Körpers, nicht um die Darstellung des menschlichen Gesichts mit den Mitteln des Porträts. Und der entscheidende Punkt bei ihm ist sogar klare Antirenaissance: Ihn interessiert nicht der Einzelmensch, sondern die Menschheit im gesamten und in ihrer Einbettung in die Schöpfung. Ob die Menschen mit ihrer Welt im Frieden leben oder im Streit, ob sie sich einfügen oder in ihrer Torheit aus ihr herausfallen, ob sie ihren Weg finden oder sich miteinander hoffnungslos verirren – das sind die Themen, die ihn bewegen. Nicht daß der Mensch leidet und stirbt, erregt ihn zuerst – das ist ihm ein Merkmal allen Lebens, sondern daß er stirbt, weil er sein Leben verfehlt, daß er leidet, weil er mit anderen nicht zusammenzuleben vermag, daß er nicht zum wirklichen Menschen heranwächst, weil er ewig ein törichtes Kind bleibt, gebunden an die Irrtümer und Wirrnisse seiner Lebensgewohnheiten, das ist die eigentliche Störung, das eigentliche Elend.

Will man Bruegel verstehen, so muß man seine Bilder auf deren „Philosophie" prüfen, auf die Aussagen, die zum Teil in symbolischen Formen ergehen, zum Teil auf den Wegen der Ironie, des Spottes oder des Spaßes daherkommen, zum Teil auch in der Weiträumigkeit, Stille und Kraft seiner Landschaften, zum Teil auch chiffriert in folkloristischen Szenen, die aber in Wahrheit politische Aussagen sind von höchster Brisanz. Was ist davon erkennbar?

Der Schlüssel zum Verstehen Bruegels dürfte in der so gut wie in allen seinen Bildern gegenwärtigen Spannung zwischen der Natur und dem Menschen liegen. Die Natur ist ihm der große Zusammenhang, in dem alles Schicksal spielt, die große, Ordnung und Schönheit schaffende und zerstörende Kraft, in der der Mensch sein kleines Leben hat. Der Mensch aber ist aus dem Zusammenhang gefallen, er irrt und träumt und spielt und verläuft sich, er sucht nach dem Leben und nach seinem kleinen Glück und verliert doch beides aus den Händen. Er flieht vor dem Tode und schafft doch den Tod selbst immer und überall. Er möchte frei sein und ist doch ein Sklave seiner Begierden und Wünsche, seines Hasses und seiner ungezügelten Brutalität. Die Natur ist das Schöne, der Mensch ist das merkwürdig Mißratene in ihr.

Die Natur ist für Bruegel aber nicht – wie für die Italiener jener Zeit – der große Mechanismus, dessen Gesetze es zu erkennen gilt und dem der freie, souveräne Mensch herrschend gegenübersteht. Sie ist ihm die greifbare, erdhafte, dichte Wirklichkeit, der der Mensch ausgeliefert ist und in deren Horizont er sein Schicksal mehr erleidet als gestaltet. Der Mensch aber ist nicht so sehr der Einzelne, er ist Gattung. Er ist Teil der seltsam verwirrten Erscheinung „Menschheit". Der Dichter und Humanist Sebastian Brant (1458–1521) sagt, und das gilt für die Bilder

Bruegels sehr genau: „Es gibt nur ein Leben, und es ist immer das gleiche auf dieser Erde. Jeder Mensch ist nichts weiter als ein Mensch. Wer immer einen Menschen betrachtet, sieht die ganze Menschheit."

So hat Bruegel auch keine Historienbilder, wie die Renaissance sonst, mit Göttern und Helden gemalt. Er kennt keinen heldischen Menschen. Auch dort, wo die Geusen, die Widerstandskämpfer seiner Zeit, in der Verkleidung seiner Narrenszenen auftreten, sind sie im Grunde arme, getretene Kreaturen. Der Mensch ist nicht frei, sondern in einem tragischen, einem verzweifelten Maß unfrei zwischen der übermächtigen Welt, in der er lebt, und der Schwäche seines eigenen Wesens. Der Mensch ist unheldisch und unschön. Er ist ein Sklave seines Irrtums. Er baut babylonische Türme und kämpft verzweifelt gegen sein Schicksal. Allenfalls hat er seine Sprichwörter als Leitregeln für sein verwirrtes Leben.

Am schönsten noch steht der Mensch in seiner Welt auf den Bildern, die die Monate darstellen. Dort ist noch ein ungebrochener Zusammenhang zwischen dem Acker und dem Menschen, der Weide und dem Menschen, dem Tier und dem Menschen, der großen Landschaft und dem erdverbundenen Wesen Mensch.

Das religiöse Thema erscheint selten ausdrücklich. Dennoch ist das „Glaubensbekenntnis" Bruegels, wenn man ein solches unterstellen darf, zentriert um den sehr typisch reformierten Grundgedanken von der Schöpfung der Welt und vom Fall des Menschen. Bruegel war gewiß nicht nur unbewußt in der Glaubenswelt des Calvinismus zu Hause. Daß die Schöpfung gut sei und der Mensch als ein Teil von ihr in sie hineingeschaffen, das galt der Epoche der Reformation ebenso sicher wie, daß der Mensch aus diesem Zusammenhang mit seiner Welt sich entfernt und entfremdet habe und nun ein mühsames, im Grunde aussichtsloses, blindes und verkehrtes Dasein habe.

In dem Bild „Das Gleichnis von den Blinden" kommt diese Theologie überdeutlich heraus. Blinde Menschen tasten, tappen, taumeln und stürzen miteinander. Sie führen einander, sie verlieren miteinander die Orientierung und den Halt und enden in einem Bach, während im Hintergrund ruhig, still und sehr klar eine Kirche steht, in der sie wohl hören könnten, woher und wohin ihr Weg führe und was ihr Heil und ihr Ziel sei: nicht außerhalb der Welt, sondern mitten in den leibhaften Dingen dieser Erde.

Das Gleichnis von den Blinden, 1568

„Wenn ein Blinder einen Blinden führt,
werden beide in eine Grube fallen." (Matthäus 15,14)

Anmerkungen zu den Abbildungen und Bildnachweis

Seite 3
1559/61 edierte Hieronymus Cock Landschaftsserien nach Bruegelzeichnungen (Foto Bildarchiv Verlag am Eschbach).

Seite 7 und 10
Der düstere Tag, 1565, Öl auf Holz, 163 x 118 cm. - Wien, Kunsthistorisches Museum (Foto Bildarchiv Jörg Zink, Stuttgart).

Seite 15 und 18
Landschaft mit dem Sturz des Ikarus, um 1558 (andere Datierung: um 1555), Öl auf Holz, 112 x 73,5 cm. - Brüssel, Musées Royaux des Beaux-Arts (Colorphoto Hans Hinz, Allschwil).

Seite 23 und 25
Die Heuernte, 1565, Öl auf Holz, 161 x 117 cm. - Prag, Nationalgalerie (Foto Lessing / laenderpress, Düsseldorf).

Seite 29 und 32
Die Kornernte, 1565, Öl auf Holz, 160,5 x 118 cm. - New York, Metropolitan Museum of Art (Foto Archiv für Kunst und Geschichte, Berlin).

Seite 35 und 38
Die Heimkehr der Herde, 1565, Öl auf Holz, 159 x 117 cm. - Wien, Kunsthistorisches Museum (Foto Museum).

Seite 41 und 44
Die Jäger im Schnee (andere Bezeichnung: Die Heimkehr der Jäger), 1565, Öl auf Holz, 162 x 117 cm. - Wien, Kunsthistorisches Museum (Foto Museum).

Seite 51
Bildnis Pieter Bruegel, um 1600, Schwarze Kreide und Rötel, grau laviert, mit Deckweiß gehöht. Kopie des gestochenen Profilporträts Bruegels in der von Hieronymus Cock 1562 zu Antwerpen verlegten Sammlung von Künstlerbildnissen („Pictorum aliquot celebrium Germaniae inferioris effigies"), die Dominicus Lampsonius mit lateinischen Verstexten versehen hat. Dieser drei Jahre nach Bruegels Tod verfaßte Text ist eine wichtige Quelle zum zeitgenössischen Verständnis des Künstlers. Er lautet:

„PETRO BRVEGEL. DOMINICUS LAMPSONIUS. AMICO CHARISSIMO caneb.:
Quis novus hic Hieronimus orbi / Boschius? ingeniosa magistri / Somnia peniculoque, styloque / Tanta imitarier arte peritus, / Ut superet tamen interim et illum? Macte animo, Petre, mactus et arte. / Namque tuo, veterisque magistri / Ridiculo, salibusque referto / In graphices genere inclyta laudum / Praemia ubique, et ab omnibus ullo / Artifice haud leviora mereris.
Hic ille est BRVEGEL, timuit quo sospite vinci / Rerum magna parens, et moriente mori. / Ars utinam mores, animumque effingere possit / Pulchrior in terris nulla tapella foret."

In sinngemäßer Übersetzung:
„Wer ist denn dieser neue Hieronymus Bosch für den Erdkreis, der die einfallsreichen Traumgebilde des Meisters malend und zeichnend, mit soviel Kunst beschlagen, wieder nachschuf, daß er inzwischen sogar jenen übertraf?
Heil deinem Geiste, Pieter, heil auch deiner Kunst. Denn du würdest von allen kein geringeres Lob und nicht weniger Ehre verdienen als irgend ein anderer Meister in der Zeichenkunst mit deinem lachenmachenden Witz und dem wiedergefundenen verständigen Humor des alten Meisters.
Dies ist jener Bruegel, durch den, solange er lebte, die Allmutter Natur besiegt zu werden und durch dessen Sterben auch sie zu sterben fürchtete. Oh daß doch die Kunst den Charakter und den Geist abbilden könnte, kein irdisches Bild würde schöner sein." – Berlin, Staatliche Museen Preußischer Kulturbesitz, Kupferstichkabinett (Foto Jörg P. Anders, Berlin).

Seite 54
Zwei angekettete Affen, 1562, Öl auf Holz, 23 x 20 cm. – Berlin, Staatliche Museen Preußischer Kulturbesitz, Gemäldegalerie (Bildarchiv Foto Marburg).

Seite 57
Die Bettler (Die Krüppel), 1568, Öl auf Holz, 21,5 x 18 cm. – Paris, Louvre (Bildarchiv Foto Marburg).

Seite 61
Das Gleichnis von den Blinden (siehe Matthäus 15,14), 1568, Tempera auf Leinwand, 154 x 86 cm. – Neapel, Museo Nazionale (Foto Archiv für Kunst und Geschichte, Berlin).

Dias
der Bilder zum Jahreslauf von Pieter Bruegel enthält: Jörg Zink, DiaBücherei Christliche Kunst, Band 5: Menschenbilder, Eschbach/Markgräflerland 1982.

CIP-Kurztitelaufnahme der Deutschen Bibliothek

Zink, Jörg:
Atme die Kraft der Erde: d. Weg d. Menschen im Jahreslauf nach Bildern von Pieter Bruegel / Jörg Zink. – Eschbach/Markgräflerland: Verlag am Eschbach, 1984. (Eschbacher Bilderbücher Christliche Kunst)

ISBN 3-88671-036-X
NE: Bruegel, Pieter (der Ältere) [Ill.]

© 1984 Verlag am Eschbach GmbH
Im Alten Rathaus, D-7841 Eschbach/Markgräflerland
Alle Rechte vorbehalten

Umschlagmotiv: Pieter Bruegel, Die Heuernte, 1565 (Ausschnitt)
Reproduktionen: Fotolitho, Lahr
Satz und Druck: B&K Offsetdruck GmbH, Ottersweier
Verarbeitung: Großbuchbinderei Josef Spinner, Ottersweier

Eschbacher

Bilderbücher Christliche Kunst

108 S. 29 4farb. Abb.
Gebunden. Best.-Nr. 014

80 S. 20 4farb., 21 1farb. Abb.
Gebunden. Best.-Nr. 023

108 S. 28 4farb. Abb.
Gebunden. Best.-Nr. 015

Mit „Eschbacher Bilderbücher Christliche Kunst" meinen wir
nicht Kunstbände, deren Schwerpunkt allein in den Abbildungen liegt,
auch nicht Betrachtungsbücher, denen die Bilder
als Illustration dienen. Wir suchen in ihnen mehr:
nämlich das Gespräch mit einem Kunstwerk und dem Betrachter von heute.
Bilder wie diese wollen etwas „sagen",
und so betrachten wir nicht nur, was sie zeigen,
sondern hören ihnen gleichsam zu und geben ihnen unsere Antwort.
Jörg Zink

Eschbach